Bibliografische Information der Deutschen Nationalbibliothek: Die Deutsche Nationalbibliothek verzeichnet diese Publikation in der Deutschen Nationalbibliografie; detaillierte bibliografische Daten sind im Internet über dnb.dnb.de abrufbar.

Die automatisierte Analyse des Werkes, um daraus Informationen insbesondere über Muster, Trends und Korrelationen gemäß §44b UrhG („Text und Data Mining") zu gewinnen, ist untersagt.

Lektorat: Annalena Rauh
Coverbild: Jasmin Lüdecke

Verlag: BoD · Books on Demand GmbH, Überseering 33, 22297 Hamburg, bod@bod.de Druck: Libri Plureos GmbH, Friedensallee 273, 22763 Hamburg

ISBN: 978-3-8192-4590-9

Abgetaucht – Texte und Zitate

Jo Reiz

Die Nacht

„Bedeutet leben nur zu atmen?"

Geheimnis meiner Gedanken – die Nacht

Nacht. Lichter blinken, flackern umher. Straßenlaternen.
Die Lichter der Wohnungen. Dunkelheit breitet sich aus.
Nur am Horizont lässt sich noch eine Spur Helligkeit
erkennen. Die Lichter, die Häuserumrisse, alles spiegelt
sich im Wasser. Kleine Lichter leuchten am Himmel.
Manche bewegen sich, andere sind einfach nur da.
Schwarze Punkte flattern durch die Dunkelheit. Man
kann sie erkennen. Schatten, die sich auf den Bäumen
entfalten. Zwischen den Ästen verfangen sich weiße
Schwaden. Es ist nicht wirklich kalt. Eher eine frische
Brise entfaltet sich durch die beginnende Nacht. Wie ein
Schleier, ein Schleier, der sich über alles, was sich über
ihn legen lässt, legt. Ein Kleid von übersinnlicher
Friedlichkeit, Ruhe, Eintracht und Einsamkeit. Nicht jeder
sieht es sich an. Doch wer es an sich lässt, erfährt Magie,
unwirkliche Träume.

Pssst! Verratet nicht meine Geheimnisse. Fies seid ihr
doch, Gedanken.

Winternacht

Meine Beine bewegen sich. Schritte auf dem Eis. Ich
gehe zum metallenen Gerüst. Die dunkle Nacht scheint
auf mich herab. Ein weißer, strahlender Scheinwerfer.
Kringel, Kurven, krumme Punkte, – welche sich hinter
der metallenen Schwere, vor der ich stehe, ausbreiten.
Diese hellen Dinge schimmern so schön – nicht endende
Kurven an derselben Stelle. Andere doppelte Lichter
wirbeln eine Prise Zimt hinein. Meine Beine werden von
der Kälte aufgefressen – aber ich bleibe. Bleibe in der
friedlichen Stille. In dem Frostwetter. Und alles ist gut.

Ein Spaziergang bei Nacht

Magie. Schimmernde Farben, die sich im Wasser wälzen
und kugeln. Nacht.
Ein Schauer von Licht, der die Welt zwischen dunklem
Nebel erkennen lässt. Ich spüre einen Schauer auf
meinem Rücken.
Ein Schauer auf meinem Rücken – die Erinnerung an
deine Hände, die ich mir bei Nacht wünsche.

Die Natur

„Sind wir nicht alle Schüler des Lebens?"

Nebel – Schatten des Ungewissen

Nebelschwaden, die sich durch die Bäume ranken. Wie das leichte Verdampfen der morgendlichen Kaffeeflüssigkeit. Sie strecken sich aus, hindurch zwischen dem Meer von Bäumen. Sie reichen einander die Arme, sodass der Betrachter nicht einmal mehr den Handgriff erkennen kann. Ein paar Meter weiter geht er. Doch ja, wie schon davor entdeckt der Betrachter nur ein dunstartiges Weiß, welches sich erst dann vor seinen Augen lichtet, wenn sich seine Gliedmaßen bewegen.

Nicht jeder Spaziergänger wagt den Weg durch den weißen Dunst. Doch wenn er ihn wagt, und sich darauf einlässt, entfaltet das ungewisse Weiße seine Wunder. Der Wald, die Landschaft wirkt mystisch, geheimnisvoll. Welches Ziel verfolgt der Nebel, wenn nicht dieses?

Ich finde, wie der Betrachter des Nebels, sollte jeder, der sein Leben auch einmal ohne Nebel betrachten will, in ebendiesen springen. Und hinaus in die Weite spazieren.

Ein kurzer Liebesbrief an die Natur

Du sitzt zwischen umgefallenen Birkenästen. Dein Hut
sitzt tief herunter gezogen in deinem Gesicht. Du
schließt die Augen. Der Wind dreht die Blätter, eines um
das andere, wiegt sie in seinen Armen. Er rauscht und
pfeift, aber nur ganz sachte. Dann verstummt er. Du sitzt
eine Weile da und hörst nur zu. Einen kurzen Moment
lang hörst du fast nichts.
Plötzlich bewegt sich etwas, rauscht durch die
umstehenden Blätter. Dir fällt auch ein Zwitschern auf,
es ist gar nicht so weit weg, in den umstehenden
Bäumen. Du hörst noch ein Pochen, ganz so als würde
jemand einen Hammer benutzen. Nur ist das Geräusch
weniger aufdringlich. Ein Zirpen und Brummen und
Summen, dazu der Wind, eine leichte Brise, die durch
die Blätter läuft. Wie ein langsames Ausatmen, nicht
kräftig, aber gerade so, dass der Luftstrom die
Umgebung in Lauten zeichnet.
Ja, bei den brummenden, summenden Insekten könnte
man meinen, dass sie gerade den schlimmsten und
argwöhnigsten Nachbarkeitsstreit ausfechten.
Du öffnest die Augen. Und just in dem Moment,
entdeckst du den schnellen Flügelschlag einer Libelle. Sie
schwirrt flink an dir vorbei.

Fein schimmern ihre Flügel im Wind, sie glitzern wie das klare Wasser im Sonnenschein des Sees nebenan. Du denkst dir nur was für fabelhafte Geschöpfe diese Libellen sind, mit ihren feinen Flügeln.

Fliegen müsste man können. Frei sein. Ohne Verpflichtungen. So grazil, eigen und selbst wie diese Libelle.

Veränderung – ein immer wiederkehrendes Naturschauspiel

Es wurde immer dunkler in der Küche. Die Äste der Bäume setzten sich in Bewegung. Sie wiegten sich nicht nur leicht hin und her, nein, ihre Äste deuteten nunmehr alle in die eine Richtung. In die Richtung, in die sie der Wind drückte. In der Ferne zeichneten sich Regentropfen ab. Man konnte sie ganz leicht erkennen. Die nassen, leichten, warmen Tropfen, die sich nur in der Ferne abzeichnen. Ich ging nach draußen. Die Wolken erhoben nicht länger nur den Vorhang aus Wasser, bald schon offenbarten sie dem Zuschauer das ganze Naturschauspiel aus Grummeln und Blitzen.
Dieses so ereignisreiche Spektakel setzte sich noch eine Weile fort. Auf dem Balkon bewegten sich die Zeitungsunterlagen. Auch in der Ferne konnte der Zuschauer nur in sich schwingende Astlandschaften der Umgebung entdecken. Doch dann zeichnete sich ein einzelner Strahl des Sonnenlichts auf der großen, ewig währenden Birke ab. Ein Lichtstrahl der Hoffnung für Menschen, die ein solches Naturerlebnis eher verschmähen als sich daran zu erfreuen. Der Himmel begann, sich von der Dunkelheit zu befreien. Die Wolken traten beiseite, um das Licht in den herannahenden Abend herein zu lassen.

Das fruchtbare Wasser zog in Rinnsalen in die grasbefleckte Landschaft in grasbefleckte Landschaften. Dennoch wurden auch diese letzten Regentropfen schwächer. Bis der letzte Tropfen fiel.

Die Wolkenschwaden klarten auf, da ihr Wasser nun den Boden tränkte und die Luft roch nach feuchtem, neuem, lebendigem Leben. Hoffnung. Vogelzwitschern. Der Tag nahm weiter seinen Lauf. Straßengeräusche bildeten eine neue Geräuschkulisse. Sie lösten die Naturgeräusche ab. Alles beim Alten.

Von Feen, Bordellen und fettleibigen Mönchen

Die Luft des Fremden, der durch die grünen, kleinen Blätter gleitet. Die kleinen Feen, die auf und ab springen auf den Spiegeln der Bäume. Meine nackte Haut, die sich durch das kalte Nass zwängt. Ganz leise, aber doch geschwind. Ich, die ich mir in meinem doch so weiblichen Körper vorkomme, als würde ich mich in einem französischen Bordell auf einer Liege räkeln. Die Geräuschkulisse. Der Wind. Das leise Klimpern der Regentropfen wie ein Musikinstrument.

Wieso habe ich kein Aufnahmegerät dabei, frage ich mich. Obwohl – ich habe eins dabei. Meine Erinnerung. Doch meine beginnende Alltagsdemenz war ein gemütlicher Mönch, der solche Momente vertilgte wie Götterspeise –ohne an seinen Wanst zu denken. Hoffentlich nicht auch diesen? Ganz so, als würde ein gemütlicher Mönch Götterspeise vertilgen, ohne an seinen bereits fülligen Wanst zu denken.

Rotes Meer

Für mich waren es die ersten Male unter Wasser. Wenn ich die Unterwasserwelt mit Worten eines Oberländlers zu beschreiben versuchte, würde ich es vielleicht so tun (was nicht einmal annähernd die Schönheit unter Wasser beschreibt):
Stell dir außerirdische Felsformationen vor, die mit wunderschönen, kunterbunten Unterwasserbäumen, -sträuchern oder -gebüschen versehen sind. Diese wunderschönen Unterwassergewächse kennen wir Oberländler nur unter dem einen, viel zu einfachen Wort: Korallen. Ein viel zu einfaches Wort für die außerordentliche Schönheit dieser außerirdischen Gebilde. Ja, wir Oberländler kategorisieren diese Korallen noch in so etwas, dass sich Weich- und Hartkorallen nennt. In die verschiedensten Arten unterteilen wir die baumartigen Gewächse. Aber was beschreibt das schon? Diese sachliche, stupide Art der Oberländler, von denen ich auch einer bin. Sie beschreibt nichts. Warum? Warum beschreiben wir diese Schönheit nicht mit Worten? Ganz einfach - Weil es dafür keine Worte gibt. Wie kann man so etwas beschreiben? Wie sollten wir Oberländler eine Welt beschreiben, die nicht unsere ist? Die wir nur mit Hilfsmitteln betreten können?

Genau das ist der Reiz des Unbekannten, egal ob im Wasser, in der Luft oder in anderen ohne Hilfsmitteln unzugänglichen Gebieten.

Aber zurück zu den Korallen: Es gibt ganze Landschaften von ihnen. Allein diese Korallenlandschaften bieten für uns Oberländler schon einen gewissen Reiz. Aber die Bewohner der Landschaften, der Großstädte, der Kleinstädte, der Dörfer, machen sie noch viel reizvoller. Die Bewohner der Landschaften nennen wir, Oberländler ganz stupide Fische. Wobei trotz Kategorisierung dieser Bewohner, wir auch für diese keine besseren Worte finden können. Es ist einfach eine stumme, friedliche, andere, fremde Welt. Über die sich Besucher nur allzu sehr freuen dürfen und nur die Stimmung, die stumme Sprache der Unterwasserwelt teilen müssen.

Die lautlose Stimme der Unterwasserwelt, das ist die Botschaft, die wir Oberländler mit in unseren Alltag nehmen müssen. Ich würde mich am liebsten dafür bedanken, diese Botschaft teilen zu dürfen, aber bei wem?

Sommer

Sonnenstrahlen, die mein Gesicht kitzeln.
Flüssige Spiegel der oberen Welt.
Blaue, himmlische Leinwände, mit schwarzen,
sich bewegenden Flügeln!
Ach ja, ich liebe doch die Sonne und das Glück der Erde!

Das Zelt und sein Wunsch

Blau. Sie fliegen. Flügelschläge vor dem blauen Zelt.
Leuchtend hellrosa-farbene Schwaden, die sich breit
machen. Wie diese Schwaden Bilder zeichnen. Sich
ausdehnen und malen.
Du kannst raten, was sie wollen. Ganz sicher ist, sie
wollen verzaubern. Sie wollen, dass du zu ihnen rennst
und sie betrachtest. Nur ansiehst.

Abgetaucht

Wasser. Ein Gesicht kurz unter der Wasseroberfläche. Es
schwebt, braucht nicht zu atmen. Nichts als Wasser
befindet sich um das Gesicht.
Keine Probleme. Wenn es Tränen gibt, versinken sie im
Wasser. Schweigen. Einfach abgetaucht und die Zeit
vergessen.

Herbst

Gegenwind – er bläst mir entgegen, fordert mich auf
mehr Kraft zu bekommen.
Die Blätter werden bunt – die Palette der Natur. Wollen
abstrakt sein. Andere Bilder an die Bäume malen. Sich
von dem Wind tragen lassen, um Berge auf dem Boden
bilden zu können.

Liebe

„Diese Welt ohne Gefühle ist vielleicht einfacher. Aber nicht schöner."

Eine Begegnung

Sie ging in einen Wald. Rote, lockige Haare sah man von hinten. Sie hingen auf ihre Schultern herab. Ihr kleines, unscheinbares Gesicht versteckte sie gerne. Es lief spitz zu. Mit dünnen, feinen Lippen. Einer schmalen Nase. Und großen, blaugrünen Augen. Die Locken bedeckten einen Teil ihrer Stirn.

Die Blätter bewegten sich im Wald. Große Felsen ragten aus der Erde hervor. Große Steine. Manche rund. Andere spitz. Ein Weg führte um die Steine herum. Ein abfallender Weg mit großen Stufen. Diesen Weg ging sie entlang. Sie rannte. Sodass ihr Rock um ihre Beine wehte.

Vögel zwitscherten. Sie komponierten ein Lied zu ihren schnellen Schritten. Die Landschaft lag ruhig da. Die Felsen und um die Felsen stehen steife, streng dreinblickende Bäume. An einigen Bäumen waren schon Blätter. Sie wehten leicht im Wind.

Irgendwann blieb sie stehen. Auf der Wiese unten am Berg. Sie blickte in den Himmel. Zu den Wolken wie sie an der blauen Leinwand schwebten. Sie waren da, aber man konnte sie nicht berühren.

Sie drehte sich um. Ein paar Meter entfernt stand ein Mann. Er sah sie an. Direkt in die Abgründe ihrer Augen. In diese wilden, lebendigen, winzigen Punkte.

Wieso sah er sie so an? Was wollte er?

Sie schaute weg. Ging zum Fluss. Der Fluss strömte.
Wand sich. Um sich in der Landschaft seinen Weg zu
bahnen. An Ruinen vorbei. An Burgen. Orten. Gegenden
vorbei. Aber dort, an dieser Stelle, war der Fluss still.
Fast schon angespannt. Nervös machte sie dieser stille
Fluss. Und dieser Mann. Sie dachte immer noch an ihn.
Auch, als sie nur am Rand des Flusses stand und ihn
betrachtete.

Der Mann war etwas älter als sie. Ein brauner
Lockenkopf. Mit diesem nachdenklichen Blick. Ein Blick
ohne Antworten. Aber mit Fragen. Ein Gesicht, welches
man ansehen konnte. Ein Gesicht, welches keine
Gefühle zeigt – oder sind es doch welche? Sie konnte es
nicht sagen. Sein Gesicht wollte es ihr nicht verraten.

Sie kniete sich hin. Am Fluss. Dann ließ sie sich auf das
feuchte Gras fallen. Jetzt saß sie direkt am Fluss. Dort
schloss sie ihre Augen. In Stille. Sie wollte sich
entspannen, an nicht viel denken, dazu war sie an
diesem Ort. Aber da war dieser Mann in ihrem Kopf.
Sonst dachte sie nie an Männer. Nie. Aber jetzt. Wieso
jetzt?

Ihre Gedanken führten zu nichts.

Nach einer Weile war da nicht nur etwas in ihrem Kopf – sondern auch auf ihrem Kopf. Ein Wassertropfen. Etwas Nasses. Aus diesem einen Tropfen wurden weitere. Kaltes Wasser in winzigen Portionen, welche im Fluss Ringe formten. Sie musste weg. Weg, noch bevor die Regentropfen auf dem Fluss Blasen bilden würden.

Also rannte sie wieder. Die Treppe hoch. Sie wollte in das Haus. Der Rasen, der Waldboden – beides weichte sich langsam auf. Sie rannte gegen die Zeit. Braune Spritzer landeten auf ihrer Strumpfhose. Ihre Schuhe erst nur sandig. Dann nass. Ihre Sockenspitzen wurden langsam feucht. Diese weißen, feinen Socken mit den Mustern wurden dreckig.

Sie rannte in die Richtung des Berges. Oben zum Haus in dem Ort. Der Regen war stark geworden. Sie konnte kaum noch sehen. Nur rennen. Eine kräftige Hand packte ihren rechten Unterarm und zog sie unter einen schwarzen Regenschirm. Sie erschrak. Die Hand war schnell gewesen. Stark. Einen Abdruck würde man sehen.

Braune, ehrliche Augen sahen sie an. Es war der Mann. Jetzt sah er etwas freundlicher aus. Sie konnte ihn aber trotzdem nicht einschätzen. Ihre roten Locken waren schon klitschnass.

Sie schaute ihn mit ihren großen Augen an. Etwas perplex. Er hatte ihren Unterarm noch nicht losgelassen.

„Tut mir leid, ich wollte Ihnen nicht wehtun. Brauchen Sie etwas? Ich wollte nur, dass Sie nicht nass werden in diesem Regen."

Sie schwieg. Erst jetzt ließ er sie los.

„Danke."

Dann gingen sie nebeneinander unter dem Regenschirm. Erst schwiegen sie. Dann sprach sie ihn an.

A Small Lovestory

Wir sehen uns, wissen, es gibt den anderen Menschen,
sind beeindruckt vom anderen Menschen, und können
nicht mehr an uns halten.
Einen doch eigentlich fremden Menschen zu lieben. Mit
vollem Herzen. Ganz ehrlich und ganz lieben.

Was kann es denn nur Schöneres, Irrationales geben,
wenn diese zwei Menschen peinlich berührt, sich
beginnen zu mögen?
Jetzt wissen sie nicht nur, dass es den anderen gibt. Dass
er existiert. Sie möchten auch wissen, was hinter der
Fassade liegt. Tief im Inner´n. Was da ist. Womit der
andere Mensch sich auseinandersetzt – was ihm wichtig
ist.
Vielleicht sehen sie sich.
Vielleicht sprechen sie miteinander.
Vielleicht schreiben sie miteinander.
Vielleicht treffen sie aufeinander.
Wer weiß? Wer weiß, was passiert, wenn das Herz siegt
und beide Herzen beginnen, ineinander zu baden.

Liebe

Eine Umarmung. Ein Blick. Der Mund, welcher sich schon lange nicht mehr bewegt. Außer auf ein anderes Mundwerk zu. Es spricht nicht, aber die Lippen bewegen sich. Umarmen sich. Zerfließen in zwei gemeinsame Mundwerke. Sie sind sich nah. Sehr nah. Wie sollte man diese Sprechwerke noch auseinanderbringen? Am besten gar nicht mehr. So, wie sie sich bewegen. Auf und ab geht das eine. Hinein und hinaus das andere. Welche Lippe noch zu wem gehört, bleibt schwer zu erraten. Alles um sie ist Nichts. Diese kleine Welt verschwindet in ein Nichts, sie ist bedeutungslos. Sie brauchen nicht einmal ein Universum, um zu wissen, dass es ihnen reicht. Sie brauchen nicht einmal einen Raum, um zu wissen, wie sehr sie sich lieben. Wenn doch nur das Universum mit diesem kleinen Raum der Liebe gefüllt wäre. Was dann nur wäre?

Zeichne mir meinen Mund

Ein Bogen, der unterhalb des Kunstwerks eine Linie
bildet. Die zweite Linie, die fast gerade darüber
gezeichnet liegt.
Darüber bildet der Schlussstrich die letzte Linie, einen
Pfad nach oben, einen Bogen hinab und eine Kurve, die
alle Linien trifft. Natürlich zart rosé wie eine Rose selbst.
Doch mit Farbe bemalt erscheint das lebendige Porträt
verführerisch rot zu sein.

Liebe und ihre Nebenerscheinungen

Warum gibt es so schwere, umfassende Wörter, die man nicht einmal aussprechen kann? Wobei diese Wörter so einfache Bezeichnungen verdienen würden.
Und dann gibt es Wörter, ganz einfache Wörter, hinter denen so viel mehr steckt.
Ein Beispiel: Liebe.
Ich weiß, etwas klischeehaft. Aber ja, zur Liebe gibt es noch so viele andere Gefühle: Angst, Hass, Verlust, Sehnsucht, Verlangen und noch so viele weitere. Dieses Wort bedeutet so viel, obwohl es so einfach ist. Eine Person kann Dinge, Gegenstände, Aktivitäten, Personen, sich selbst lieben. Viel kann eine Person lieben. Wobei, wenn es wirklich, tiefe Liebe von Herzen ist, braucht es nicht viel.
Das Problem mit der Liebe ist, dass so lange man besonders stark liebt, vermisst, verlangt, weint und vielleicht auch hasst. Diese Nebenerscheinungen sind das eigentliche Problem, die Schwierigkeit, die sich aus der Liebe entwickelt. Ohne diese Nebenerscheinungen wäre Liebe genauso ein einfaches Wort wie jedes andere.

Elfenfußtapsen

Ich gab ihm meine Decke. Zügig streckte ich meine Arme aus. Seine Finger berührten die Decke, nicht nur die Decke. Auch meine Hand. Unsere Blicke trafen sich. Stille. Ein Moment verstrich. Dann noch einer. Ein nervöses Prickeln, ein Schauer von Elfenfußtapsen krabbelten mir den Rücken hinauf. Was war los? Ich wollte zu meinem Mann, aber er guckte mich so an. Was war nur los? War es falsch, meinen Mann für einen Augenblick vergessen zu haben? Ich wollte ihn nur wieder sehen. Aber wie und wann? Was wollte dieser andere von mir? Manche Sachen durften einfach nicht sein. Kein Moment. Keine Elfenfüße auf meinem Rücken. Keine Hände, die sich berührten. Das durfte nicht sein. Diese verbotene Magie, was war das bitte? Durfte man das schon Lust nennen? Oder doch lieber nur Elfenfußtapsen? Gedanken, lasst mich in Ruhe. Beherrscht mich nicht.

Tanzende Schatten an der Wand

Schatten, die sich an der Wand bewegen. Kurven, die sich nicht vor dem Licht verstecken können. Ein Kolben, der angezündet wird. Ein Kolben, der rauchige Schatten an die Wand wirft. Glatte Spuren des Lichts und der Dunkelheit lassen einen Körper erkennen. Nackte Haut. Hände bewegen sich über sie, Fingerspitzen. Haut auf Haut. Wahrheit, pure Wahrheit, die aufeinandertrifft. Ein Nackenkuss. Ein Tröpfchen auf der Haut. Dieser Tropfen, wie er herunter fließt die nackte Haut entlang, bis er auf den Boden trifft. Eine Umarmung. Nackte Welten, die aufeinandertreffen. Hitze, wie sie das Herz umschlägt. Schweiß. Küsse. Verlangen nach einem einzigen Schatten, der sich in der Zeit verlieren möchte.

Verlorene Liebe

„Am Abend vermiss' ich dich, am Morgen lach ich über mich."

Das versunkene Boot

Was gab es noch zu retten?
Ein paar Planken, Schiffsschrauben und Vorräte?
Das Boot, das große Schiff, lag schon in Trümmern im
Wasser.
Was wollten wir retten?
Wenn es nichts mehr zu retten gab?
Hoffnung vielleicht.

Zeit des Vermissens

Eine Feder, die sich im Wind wiegt. Langsam nach unten schwebt. Die Zeit auskostet bis sie den Boden küsst. Genauso rinnen Tränen oder das Wachs einer Kerze hinunter, wenn die Zeit uns aus den Fingern gleitet. Wir können die Zeit nicht festhalten, auch wenn wir es gerne würden. Niemand kann mein Herz festhalten, wenn unsere Zeit dahin schmilzt und ich dich nicht mehr sehe. Nur an dich denken kann. Genau dann, kann nur noch die erloschene Kerze mit ihren Wachsarmen die Brücke meines Herzens bilden. Die Wachsarme der Kerze verlaufen in alle Richtungen, sie bilden geradezu einen Regenbogen an Farben. Wunderschöne Farben des Vermissens. Das Verlangen nach Wiederkehr. Liebe Zeit, du fieser Kerzengeist, du lässt mich durch die tiefsten Qualen gehen, indem du mich vermissen lässt. Warum nur? Wie lange werde ich noch warten?

Lass dich fallen

Bei dir kann ich auf ein Trampolin fallen und wissen, das
es nicht zerspringt. Deine Nähe genießen und einfach
wissen, dass alles gut ist – wenn du da bist. Du bist so
sanft wie eine Feder, aber liebst ohne Grenzen. Lass uns
beide in die Wassermengen des Unergründlichen
springen. Lass uns ausbrechen. Lass uns keine Fragen
mehr stellen, sondern uns fallen lassen. Die Massen des
Unergründlichen werden unsere Liebe in sich
aufnehmen und es werden sich uns die schönsten
Welten eröffnen. Liebe, ohne deine Fesseln, die dich von
mir fernhalten.

Schnipp, Schnapp, Faden ab

Entscheidungen ändern alles. Nichts ist mehr, wie es war.
Es ist gut.
Aber traurig.
Richtig.
Aber schwer.
Was ist aus uns geworden? Menschen, die leben. Zwei Menschen, die leben. Und nur das Beste füreinander wollen. Aber nicht mehr zusammen. Fäden, die mit einer Entscheidung durch schnitten werden. Schnipp, schnapp – Faden ab. Und Schluss. Keine Tränen mehr. Kein Unverständnis. Zwei Fadenenden. Und vergangene Momente. Wie konnte es nur zu dem Schnitt kommen? Aber es bleibt gut. Wir haben Frieden.

Schmerz

Es ist nicht viel passiert, aber doch etwas. Diese Leere. Aber. Doch. Keine Leere.

Wenn ich mich frage, weshalb ich glücklich war. Was es alles gibt, außer eine Achterbahn der Gefühle. Und zu wissen, dass es so verdammt schnell aus sein kann. Aus mit allem. In einem Wimpernschlag. Aus in der Nacht. Wenn kaum noch Lichter leuchten wollen. Traurig. Sollte Rationalität über Emotionen entscheiden? Oder andersherum? Was sollte entscheiden? Diese Tiefe und – ich möchte raus – aus diesem Etwas, was wir geschaffen haben. Schnell. Möglichst schnell. Wieso entscheiden Emotionen? Es ist schön, aber doch so gefährlich.

Ich habe Angst vor ihren Folgen. Aber was wäre ein Leben ohne Konsequenzen? Ohne Schmerz?

Wozu? Manchmal wäre es einfacher. Wenn ich meinen Kopf in Wasser tauche und da nur diese Geräusche sind und alles andere verschwindet. Gefühle, Realitäten verschwinden. Ich fliege mit ihnen davon. Und meine Tränen baden nur noch im Wasser. Wie kann man nur fliehen, aber nicht vergessen?

Die gebrochene Kette

Ich wusste, in einzelne Teile war sie zerfallen. In unzählige, erbärmliche Stücke. Sie wieder zusammen zufügen, darin bestand meine Aufgabe. Keine leichte Aufgabe. Diese Aufgabe zerfraß mich. Doch die Kette band sie wieder zusammen. Mit jedem Glied, das sie verband, zerstückelte sie mich. Was sollte nur aus meinen Stücken werden? Sollte ich die Kette wieder auseinander brechen? Es würde ihr das Herz brechen. Es würde ihr das Herz brechen, mich zusammenführen und die Kette zum zweiten Mal umbringen. Aber es wäre die beste Lösung. Warum nicht? Ich müsste dann nur weg. Von hier. Jetzt. Der Zeit. Und ihr. Die Einzelteile der Kette gehören ins Meer. Und ich gehöre meinem Herzen und nicht ihr.

Love and Other Ideas

Wie kann man lieben?
Wenn man nur die Idee, die Vermutung, den Eindruck
einer Person liebt?
Was ist, wenn der Andere anders ist?
Und er denkt, nicht genug zu sein?
Weil sie die Idee liebt.
Aber liebt er nicht auch die Idee?
Was sollte er sonst tun?
Was sollte sie sonst tun?
Wie würde man sonst mehr werden?
Aber ist das nicht seltsam – man probiert es aus LIEBE,
ohne die Person komplett zu kennen?
Man liebt aus Hoffnung.
Man liebt aus Zuneigung.
Man liebt aus chemischen Verbindungen, die man nicht
verstehen möchte. Aber die es gibt.
Niemand ist perfekt. Ein Perfekt gibt es nur in den Augen
von Liebenden.
Seine eigenen Schwächen finden sich in den Stärken des
Anderen wieder und man liebt es.
Liebt man dann nicht die Idee, die Möglichkeit, die
Hoffnung, seine eigenen Schwächen Stärken werden zu
sehen?
In dem Anderen. Und hoffentlich auch bei sich selbst.
Liebe ist doch etwas Komisches.

Ideen

„Are we happy with a smile on our mind?"

Der Lauf

Durch die Dunkelheit bewegen sich meine Beine. Nur
Schemen kann ich erkennen. Ich will zur Spiegelung. Also
laufe ich. Weiter. Zu Lichtfetzen. Ich komme zur
Spiegelung. Und laufe weiter. Kälte. Dunkelheit, die mich
umzingelt. Was, wenn da jemand ist? Ich laufe weiter.
Immer weiter. Die Spiegelung. Aber ich laufe. Ein
Pfeifen. Menschen. Ich laufe weiter. Diesmal über einen
gepflasterten Untergrund. Eine Mutter mit ihrem Kind.
Ich laufe. Das Kind schaut mich an. Ich laufe. Ein Mann.
Er nimmt sich etwas aus einer Wühlkiste. Mit ins
Wohnhaus. Ich laufe dem Licht entgegen. Immer weiter.
Menschen machen mir Platz. Ich laufe. Irgendwann sehe
ich einen Freund aus der Vergangenheit. Ich erkenne
ihn. Ich weiß nicht, ob er mich erkennt. So laufend.
Früher bin ich nicht gelaufen. Ich laufe. Dann bin ich
zuhause. Endlich zuhause. Ich betrachte die Sterne,
bevor ich ins Haus gehe. Es ist eine klare Nacht. Ich gehe
hinein – zu den Menschen, die ich liebe, aber doch
manchmal nicht verstehe.

Something About Imagination und Water

Isn't it weird – we often love the imagination of
something, but we can't enjoy the reality. Instead, we
enjoy our wild and crazy fantasies of something more. In
our imagination everything can happen for us.
In our imagination anything can happen. We think about
other people's worries. Or why something can't happen.
Why do we keep keep all that on our minds? Why?
Lost actions.
Because we don´t want to make it harder for other
people. When we were younger, we didn't worry that
much. Why?
That contrast of beauty and pain is like water. Water
where you only see the high waves. Only that. And
yourself drowning. Lost. Helpless.
But you can swim and you want to. You will survive. Still.
Because you know that. You swim. Although it's hard.
And you don't know where you are. Where?
You don't see the sunlight. An island. Or something. Just
you and the water. You swim. And there is hope. Life.
Imagination. Fantasy. Beautiful reality. You just have to
start and dream.

Er erzählte eine Geschichte

Ich traf ihn in einer Galerie. „Mano" – das stand auf
einem Kunstwerk. Einem Bildnis. Das Bild war in
Schwarz-Weiß. Eine Mischung aus Foto und Gemälde. Es
sah sehr interessant aus – abstrakt, aber irgendwie nicht
abstrakt. Denn es gab da ja noch diesen Fotoausschnitt.
Es erinnerte an das Meer. Ich dachte „Mano" würde
Hand bedeuten, aber es bedeutet etwas anderes. Ich
fragte ihn also, was es bedeutete. Da erzählte er mir
etwas. Die Hawaiianer glauben, dass ihre Verstorbenen
in den Haien weiter leben. Deshalb respektieren sie sie
so sehr. Die Haie zu fischen ist dort verboten. „Mano"
bedeutet Hai.
Es gab dort einen Surfer. Als er jung war, wurde er von
einem Hai attackiert. Der Surfer verlor sein Bein und
musste von da an eine Prothese tragen. Trotzdem stieg
er direkt wieder aufs Surfbrett. Bis heute ist er ein
bekannter Surfer, der sich für die Haie einsetzt. Das
zeigte mir – in Galerien werden nicht nur Bilder gezeigt,
sondern Geschichten erzählt.

Kaffeegenuss

Kräuselnde, wabernde Fäden, die über einer haselnussfarbigen Flüssigkeit aufsteigen. Ein mit Karamell bestrichener, süßer Kuchen. Eine Vitrine mit himmlischen Köstlichkeiten. Das leise Gemurmel der Menschen an den Tischen. Freundliche, entspannte Gesichter. Köstlichkeiten, die süß, herzhaft, bitter, zimtig, salzig und anders ausfallen. Du musst nur deine Nase und deinen Gaumen und deine Augen bereithalten. Freundliche Gesichter, die dir diese Köstlichkeiten auf Tellern präsentieren und sogar bringen. Gemütliche Sitzgelegenheiten, die zum Bleiben einladen. Interessante Gespräche, die sich mit Freunden ergeben. Mal hier, mal da eine Büchertauschecke, die zum Entfliehen in andere Welten einlädt. Manchmal sogar ein knisterndes Feuer. Das ist mein Genussort um dem Alltag zu entfliehen.

Eine Reise nach der besten Schokolade

Du hast davon geträumt und gedacht, dass es dich stolz machen würde, meinte sie. Und du hast gearbeitet als gäbe es kein Ende. Dann hast du es geschafft. Du musst weiterhin viel dafür tun, dass du es behältst und noch ein Stückchen mehr manchmal. Aber du hast was du wolltest. Bist du jetzt zufrieden? Bist du jetzt das kleine Kind, das sich über die Bitterschokolade der Eltern freut? Es reicht nicht mehr. Und du bist auch nicht zufrieden oder glücklich. Du willst noch mehr. Keine Bitterschokolade, sondern eine süße Schokolade. Erst später merkst du, dass die Schokolade viel zu bitter ist. Jetzt, wo du sie hast und Arbeit hineinsteckst, jede Woche mit einer Routine. Also hoffentlich mit einer Routine. Wenn sie denn da ist.
Nach der Bitterschokolade, willst du eine süße Schokolade. Danach einen Schokoladenkuchen. Und am besten alles direkt nach der Bitterschokolade. Also hört das Schreien und Rennen des kleinen Kindes nicht auf. Nie.

Der eigensinnige Mann

Trockenes Röcheln hält ihn auf. Unterbricht seine
angefangenen Verse. Dieses Röcheln geht in ein
unaufhörliches Husten über. Wird er noch seine Verse
beenden können? Strophen daraus werden lassen?

Blut. Blut spritzt aus seiner Nase wie Lava aus einem
unaufhaltsam ausbrechenden Vulkan. Entflieht auch aus
seiner linken Mundseite, wo sich seine beiden
Lippenhälften treffen.
Jemand steht auf, um ihm ein Taschentuch zu geben.
Doch er hält schon sein eigenes. Ein anderer möchte den
Notarzt rufen lassen. Aber er meint nur, dass er schon
weiß, dass er sterben wird. Woher wusste er das?
Weshalb war er sich so sicher?
Ein wieder anderer erwidert, dass er doch nicht die
Hoffnung verlieren dürfe. Da wollte er aus dem Raum
gehen.
Ein paar Schritte geht er. Das eine Bein vor das andere
zu setzen. Und noch einmal. Da kippte er nach vorne
um, so als ob er in eine andere Perspektive hineinlaufen
wollte. Als ob er in den Boden laufen wollte. Aber da lag
er jetzt. Hilflos.

Leer

Leer, das bin ich.
Alles ist in Worte geflossen.
Doch was nun?
Was, wenn alles gesagt ist?
Ich weiß es nicht.
Das darf jeder für sich selbst beantworten.

Questions

Am I a dreamer?

Should I dream?

I think so.

But – are my dreams too crazy?

But why shouldn't I dream?

Dream. Imagine.

Think of all the possible, but hard things.

I love to dream.

But I wouldn't say that I'm a dreamer.

But what am I – I can't only be just human.

Human. Woman. Sister. And other things.

Just names of a role, a task or more?

Nie genug

Ist es nicht verrückt.
Ein gewisser Hunger macht sich breit.
Nach mehr.
Nach noch mehr.
Niemals ist es genug.
Mehr. Mehr. Mehr.
Aber wann ist es perfekt?
Wann gibt es überhaupt ein Perfekt?
Hunger nach Erfolg.
Verrückte Ideen.
Erfüllung von Träumen.
Liebe.
Aber was dann?
Wann ist es zu viel?
Wenn es niemals genug sein kann.
Du fertig bist, aber mehr suchst.
Aber nicht weißt, wie.

All of It

Too much. Of all of it.

Too many opinions. Too many options.

What's right? What's wrong?

Everyone has their own true beliefs.

Tanzhände

Hände, die aus Musik bestehen.

Sollen meinen Körper ergreifen.

Ihn zum Tanzen bringen.

Sie sollen Energie aus ihm pressen. Ihn bewegen.

Wie eine Kraft von einem anderem anderen Planeten.

Im Traum leben oder in der Realität?

Lebe ich in einem Traum?

Oder möchte ich in meinem Traum weiter leben?

Das Leben verträumen.

Ohne Stress. Ohne Wut. Ohne Angst. Ohne Trauer. Ohne Einsamkeit.

Kann ein Traum wirklich so gut sein und alles Negative auslöschen?

Im Traum verschlafen.

Realität. Oder ein Wunsch, in der man die Dunkelheit nur zeitweise verdrängen kann.

Das echte Leben ist unverhersehbar, dagegen kann man Träume planen und Wünsche traumbar machen.

Nicht real.

Der fehlende Sonnenstrahl

Ich soll strahlen, Ohne Sonne.
Wie? Wenn nur Abgründe, Stürme, Winde,
Regenschauer und Gewitter in mir sind.
Ein Spiegel soll ich aufsetzen, vor mein Gesicht halten,
damit sich andere von ihrem Antlitz verstanden fühlen.
Dann kann ich auch gehen.
In einem Raum, indem ich der Spiegel für alle anderen
sein soll, gehöre ich nicht hin.
Vielleicht spiele ich einfach so, als würde ein
Sonnenstrahl aus mir strahlen und leuchten, dann
könnte ich dahin schmelzen und zum Erliegen kommen.

Motivation

„Ich bin vergeben – married to my goals!"

Hoffnungsfunken (gekürzt)

Langsam, ganz langsam fällt ein weißer Hoffnungsfunken herab auf den kalten Boden. Er ist nicht winzig, aber auch nicht besonders groß. Eben genau so groß, dass man ihn auch erkennen kann. Nach ihm kommen immer mehr und noch mehr Funken. Ein Wunder. Weiße Flocken, die nicht aufhören wollen, nacheinander den Boden zu berühren. Und so die Pflanzen zu schützen. Auf diesem Hoffnungsschimmer kann man Schlitten fahren. Schneemänner kann man aus ihm bauen oder Engel in den Schnee malen.

Die Wellen

Milchschaum, der wie eine weiße Krone auf ihnen schwimmt und sie mit einer Struktur umgeben. Wie sie rollen in die Ferne oder einfach zerfallen an den Formationen des Gesteins. Jede kann eine neue Gelegenheit, eine neue Option sein. Doch nie kommt sie allein. Wenn man wartet, verpasst man sie meist, sonst fallen sie nur auf wenn man auf sie achtet. Ach, die Welle die vergeht, wenn man sie nicht nutzt. Liebe sie, respektiere sie, schätze sie und reite auf ihr davon! Nein, fliege mit ihr, fliege mit ihr fort!

Eine Wanderung zum Berg

Andere fragen sich, wie du das machst – hohe Berge besteigen. Du fragst dich nur, – was du alles falsch machst. Du stehst schon auf einem Berg, aber weißt nicht – was du jetzt tun sollst. Du willst höher, weiter, schneller. Für dich. Aber Zweifel an deinen vergangenen Taten oder deines derzeitigen Versuchs zu steigen, hindern. Wozu? Tue es – aber wisse, dass du fallen wirst. Fallen und aufstehen.
Selbst, wenn dich der Berg in die Knie zwingt.
Selbst, wenn du den Wald vor Leuten nicht mehr siehst. Tue es für dich. Mit deinem Licht vor Augen. Ohne Licht gibt es zu viele, aber doch keinen Weg auf den Berg. Laufe. Wandere. Falle. Stehe auf. Laufe.

Mut

Etwas zu tun, auch wenn es nicht den Konventionen
entspricht. Wenn es nicht üblich ist. Es ist egal, was
andere denken. Meist interessiert es sowieso keinen.
Wenn es geht, ist es immer das Beste, das zu tun, was
einem das Herz empfiehlt. Das ist meist das Richtige. Das
Herz sortiert selbst Schlechtes von Gutem aus. Sorgt
weise für mentale Stabilität. Kümmert sich um uns.
Oh, Herz, was wären wir ohne dich? Ein Mensch mit
Hülle, aber nicht mehr. Ohne dich, du gutes Ding, macht
das Leben keinen Spaß. Also, wenn man einen Funken
Mut, ein Hauch Lust und eine Spur Liebe zu den Dingen,
die einem Spaß machen nimmt - kommt man zu seinem
eigenen Abenteuer.

Ding

Was hält mich am Leben?
Weshalb will ich morgens aus dem Bett?
Weshalb könnte ich nicht schlafen?
Was hält mich am Leben außer nach Zielen und Erfüllung
zu rennen?
Wo bleibst du Ding – Ding was das Leben besonders
macht?
Einzigartig.

Kritik

"Be you, all the time. Be real, please. Although I have to cry. Because I liked you the way you showed yourself to me."

Unsere einsame, neue Generation

Ist das nicht traurig? Wir können uns nicht zugestehen, dass wir Angst vor unserem eigenen Image haben. Es wird immer etwas von Selbstliebe gepredigt. Warum? Weil sie unserer Generation fehlt. Es wird gepostet, was das Zeug hält. Bearbeitete Bilder, Fotos, Videos, Reels, Livestreams. Mit Filtern verdeckte Gesichter. Weil wir Angst haben, das, was dahintersteckt, zu zeigen. Wir haben Angst vor uns selbst, uns unsere eigenen Fehler einzugestehen und der Welt zu präsentieren. Nur, weil so viele Menschen dieses Problem haben, verdienen große E-Commercefirmen Geld. Sie verdienen Geld mit der Idee, sich verstecken zu können. Wie traurig doch diese Welt ist. Die neue Generation Z. Zukunft wird immer gesagt. Ja, wir sind die Zukunft. Aber wir werden es nur als Spieler sein, nicht als Gewinner. Spieler in einem Spiel, welches die Zeit gewinnt. Was soll dann schon nach der Generation Z kommen? Eine Generation und noch eine und noch eine, die immer weiter dieses Spiel mitspielen kann? Wenn es das noch gibt. Ein trauriges, einsames Spiel, bei dem nur wenige gewinnen. Über der großen Zahl der Manipulierten spricht niemand. Soziale Einsamkeit, Suchtverhalten, Magersucht, Fettleibigkeit, Sportsucht, Beautywahnsinn, Depressionen, Angststörungen und die Liste geht weiter. Wohin soll das führen?

Dagegen werden Aussteiger bewundert oder abgestoßen von dieser Gesellschaft. Die, die dieses Spiel spielen, wissen nicht, wohin mit ihnen. Sie verstehen nicht, weshalb. Was sollte denn schlecht daran sein, dieses Spiel zu spielen? Andere Frage: Wer spielt es heute denn nicht mehr? Man muss es spielen, gezwungen wird man. Dann sollte man auch selbst entscheiden, wie man es spielt. Eigenständig.

Wohin – liebe Leute?

In einem Land und einer Zeit der Möglichkeiten, in einer
Zeit der Probleme und Unsicherheiten.
Fragen sich viele – wohin? Wohin?
Wohin mit mir?
Mit der Zukunft?
Mit dem Land?
Mit der Liebe?
Führung fehlt dem Land – ob Politiker,
Krankenschwestern, Ärzte, Ingenieure, Handwerker,
Fachkräfte.
Wenn jeder vergisst, wohin mit sich und Leute fehlen –
wird es nur problematischer. Was würde passieren,
wenn wir Lösungen suchen würden, anstatt uns darüber
aufzuregen, wie viel Botox in jedem steckt? Wir sind
Menschen in einer westlichen Welt. Ein Industrieland,
welches die Menschlichkeit sucht. Keine Manipulation
auf SocialMedia oder in den Medien. Kein Hass gegen
andere Meinungen. Was wir suchen, sind Lösungen zum
sogenannten „Glücklichsein" – was auch immer das
bedeutet. Und wie auch immer wir es erreichen wollen.

Die Erde fragte

Die Erde fragte mich vor Kurzem, warum ihr denn immer so warm sei. Da musste ich ihr erklären, dass ihre Bewohner sie immer wärmer machten. Es tat weh, ihr das zu erzählen, das können Sie mir glauben. Die ganzen Fabriken und Autos und Flugzeuge blasen zu viel CO_2 in die Luft, erklärte ich ihr. Bis die ganze Ozonschicht zu voll davon ist, und dann können die Pflanzen mit der Kraft der Sonne keinen Sauerstoff mehr produzieren. Dann gibt es zu viel CO_2, sodass sich die Ozonschicht wie eine Sauna aufheizt, und dir immer wärmer wird.

Dann fragte sie mich, wieso die Menschen nichts dagegen taten. Da musste ich ihr wieder schmerzvoll antworten: „Weil Ihnen das Geld wichtiger ist, als du, meine Liebe."

Da begann die Erde zu weinen. Die Erde, auf der jeder Mensch steht, scheint Ihnen nicht wichtig zu sein, wie traurig. Da meinte ich, diesmal fröhlicher, dass immer mehr Menschen versuchen würden, ihr zu helfen. Dass aber wenige Menschen ihr nicht helfen wollen, und es den anderen Menschen nicht einfach machen.

Alkohol

Müde. Lastentragende Schultern. Gedanken, die
belasten. Müde Augen. Wörter, die auf einen
herabfallen. Eine Milchglasscheibe, die vor dem Auge
schwebt, dazu noch ein brennendes Gehirn. Symptome,
des doch so verführerischen Suffs. Wie gefährlich auch
nur wenige Gläser sein können.
Zum Erbrechen ansteckend. Alkohol.

Trauer

„Dark. Darkness. I wish there was light. But it has to be found."

Leere

Nichts. Ein Herz, das leer ist.
Es ist hungrig, nach Liebe.
Aber wie?
Es denkt nur an dich.
Doch du weißt nicht, wie – obwohl du liebst.
Bleib hungrig, liebes Herz.
Dein Hunger darf sich nur nicht selbst zerstören.

Einsamkeit

Sie wollte nicht auf dem Schiff sein. Sie wurde gezwungen. Sie wäre gerne woanders gewesen, aber sie war es nicht. Die Frau war dort, in einer Gesellschaft von zu vielen reichen Schmarotzern. Ihr wurde immer gesagt, es wäre ihr perfektes Zuhause. Zwischen all diesen Männern, die ihr nur unter den Rock wollten. Sie mit Dinnerpartys belästigten. Mit Kartenspielen. Tanzabenden. Es langweilte sie.

Als sie endlich allein war, zog sie sich aus um ein Bad zu nehmen. Die glitzernden Bläschen berührten ihre Füße. Dann stieg sie komplett in die Wanne. Tauchte ein in das Bad ihrer Einsamkeit. Ihre Tränen verloren sich im Wasser. Am liebsten wäre sie in der Wanne geblieben. Aber sie konnte nicht bleiben. In das flauschige Handtuch legte sie ihr Gesicht. Trocknete ihren Körper ab. Zog ihr dünnes, seidenes Nachthemd über und ging zu Bett.

Sie schlief tief und fest als das Schiff sank. Es hatte ein Leck gegeben. Ein zweites Mal an diesem Abend umspülte Wasser ihre Füße, aber es umspülte nicht nur ihre Füße, sondern ihren ganzen Leib. Erst wachte sie auf. Ihr Kombüsenfenster riss auf. Es strömte noch mehr Wasser hinein. Sie holte tief Luft, wartete, bis ihre Kombüse mit Wasser vollgelaufen war und schwamm durch das kleine Fenster hinaus.

Das Wasser hätte kalt sein müssen, das war es für sie
aber keineswegs. Für sie fühlte es sich eher an wie
Zuhause. Diese Wärme nach dem Herausholen von
frischgebackenem Brot oder Kuchen aus dem Ofen,
genauso warm kam ihr das Wasser vor. Und so vertraut
– alles schien ihr so bekannt wie jeder Millimeter des
Wassers in der Badewanne. Sie sah wunderschöne
Korallen in unbeschreiblich schönen Farben und die
Fische bewegten und sprachen miteinander in dieser
magischen Welt. Aber was ihr erst nach einer Weile
auffiel. Sie konnte unter Wasser atmen. Es waren
mehrere Meter bis zur Wasseroberfläche, aber ihre
Sinne waren genauso scharf, wenn nicht sogar schärfer
als an der Wasseroberfläche. Was war mit ihr los? Sie
schwamm, sah nicht nur Korallen und Fische aller Art,
sondern auch Schildkröten, Wale und Delfine. So viel
Schönes sah sie. Sie konnte es nicht glauben. Wenn sie
Hunger hatte, aß sie Algen. So sah sie viel von der
Unterwasserwelt. Sie durchschwamm alle Meere. Aber
doch fehlte ihr etwas. Die ganze Zeit war sie allein. Ohne
irgendjemanden außer ihren kleinen und großen
Meeresfreunden. Sie dachte an das große Schiff. Sie
hatte die beste Gesellschaft gehabt, aber doch war sie,
wie jetzt, in einem einsamen Meer gewesen. Sie wollte
nicht mehr. Sie nahm ein altes Messer eines anderen
versunkenen Schiffes und schlitzte sich ihre Kehle auf.

Ein melancholisches Lied

Meine Beine sind schwer, doch sie tragen mich, ohne zu meckern. Tränen, wollt ihr kommen? Schwere plagt mein Gemüt. Ich laufe in die beginnende Dunkelheit. Ach, gutes Herz, was macht dich glücklich?

Ich sehe seine trockenen, rissigen Hände. Will nicht wissen, was er schon mit ihnen tat. Höre das Lied und frage mich, was es Schöneres gibt, außer einen traurigen, bärtigen Greis, der in der hintersten Ecke der Bar seinen Whisky trinkt. Jetzt laufen mir Tränen in die Augen, die niemand sieht. Niemand. Niemand sieht es. Nur ich spüre die Nässe, die in meinen Augen aufsteigt.

Blaues Licht hinter mir. Menschen, die gehen und Autos, die fahren. Und ich frage mich, was der alte Mann sich jetzt wünscht.

Zitate

„Du sagst das, was jeder sagt, weil jeder es von dir erwartet. Das mag ich nicht. Werde du selbst. Auf deine Weise berechenbar. Nicht auf die Weise aller berechenbar."

„Gesichter ohne Narben, ohne Zeichen des Alters, bilden nur die Schicht eines schwarzen Tuches. Sie erzählen keine Geschichte."

„Music in my brain, in my veins."

„Sind wir nicht alle Schüler des Lebens?"

"Be you, all the time. Be real, please. Although I have to cry. Because I liked you the way you showed yourself to me."

„Noten, wie sie über die Zeilen springen. Und über die Zeit verweilen."

„Ein Schloss an der Brücke, welches wieder aufgeschlossen wird."

„Kann man etwas vermissen, was nicht war?"

"Where's the love? Theres just hope, belief and addiction. And endless searching."

„Wir wissen manchmal nicht, wie wir am besten für uns sein sollen."

„I´m not your wife. I'm my own wife."

"Are we happy with a smile on our mind?"

"Diese Welt ohne Gefühle ist vielleicht einfacher. Aber nicht schöner."

„Wir wussten nicht, was wir entschieden haben, als wir entschieden."

„Dieser Gedanke, dass wir nun Fremde sind, frisst mich auf."

„People come and go, but you are the only person that stays for a lifetime. "

"Warum habe ich immer nur mich? Es ist genug – oder nicht?"

„Bedeutet Leben nur zu atmen?"

„Am Abend vermiss ich dich, am Morgen lach ich über mich."

„Gesprochen, ohne zu reden. Eine Tat ohne Worte, aber doch mit Aussage."

„Weshalb sollte ich sterben, wenn ich leben kann?"

„Ich mag es, mit Leuten so zu sein, als hätte man getrunken, ohne zu trinken."

„So gleich und doch so verschieden."

„Die Reichweite meiner Gedanken kann ich erzielen."

„Hab´ ich Angst oder Respekt: Ja.
Tue ich es trotzdem: Ja.
Nur meine Angst bringt mich weiter.
Also, wovor sollte ich Angst haben?"

„Sometimes it´s interesting, how your presence can affect other people. Often we forget that."

"Dark. Darkness. I wish there was light. But it has to be found."

„Wer hat in dir das größte Glück und den größten Schmerz ausgelöst?"

„Die Erinnerung an ein Uns foltert mich."

„Ich küsse die Musik. Und genieße."

„Ich höre deine Musik, bis meine Ohren zu bluten beginnen."

„Newborn, more alive than ever, I see the future in your eyes!"

"Töten Veganer auch Fliegen oder winzige Insekten?"

„The most beautiful thing, but also the hardest thing is, that no one ever sits in the room called your brain."

"Manche Menschen sind wie das Essen, das an einem Tag noch gut schmeckte und am nächsten einen ekeligen Nachgeschmack hat."

„Leerer Blick. Großes Herz. Versteckte Liebe."

„Ich bin vergeben – married to my goals!"